# प्रवाह

## एक अनुभूति

ललिता वैतीश्वरन

# क्रम-सूची

# क्रम-सूची

# आभारोक्ति

इस पुस्तिका को प्रकाशित करने में मेरे परिवार का निरंतर और अथाह सहयोग रहा है।

मेरे सभी दोस्तों का उनके प्रोत्साहन के लिए हृदय से आभार ।

उन सर्व शक्तिमान ईश्वर को कोटि कोटि धन्यवाद जिन्होंने हम सभी को अपना स्नेह संरक्षण दिया ।

नोशन प्रेस को सहृदय धन्यवाद ।

Cover courtesy : Unsplash.com

# भूमिका

पुस्तिका विवरण

जब मनोभाव हृदय से प्रवाहित होते हैं तब कविता बनती है। ऐसी ही कई भावनाओं को पिरो कर इस पुस्तिका में दर्शाया गया है। हृदय को स्पर्श करती हुयी विविध अनुभूतियों का पाठक को आभास होगा।

समाज में विद्यमान कई कुरीतियाँ हमें सोचने पर ,चिंतन करने पर और इस पर अमल करने पर बाध्य करती हैं,ताकि हम इसमें सकारात्मक बदलाव ला सकें और हमारे समाज को एक बेहतर स्थान बना सकें।

लेखिका विवरण

ललिता वैतीश्वरन पेशे से एक स्त्री-रोग विशेषज्ञ हैं जिन्हें हिंदी व् अंग्रेजी दोनों ही भाषाओं में लेखन का शौक है।इनकी ३ काव्य संग्रह की पुस्तिकाएँ प्रकाशित हो चुकी हैं। इनकी कवितायें कई काव्य संकलनों का हिस्सा भी हैं। इनकी लेखनी मुख्यतः सामयिक एवं प्रासंगिक होती हैं। मनुष्य जीवन से जुड़े कई नाज़ुक पहलुओं पर लिखने का इनका एक विशेष रुझान है।

# 1. मेरा पहला दिन

दाखिला हुआ जब मेडिकल कॉलेज में
उमंग,उल्लास से भरे दिल ने किया था शोर
आखिरकार मेहनत रंग लायी थी
हुए थे माता, पिता, बंधु भाव विभोर !
जाते ही एक डिसेक्शन हॉल में हुआ था सामना
नग्न मृत्यु ने किया था मुझे झकझोर
अनंत भावनाओं ने लेकर आलिंगन में अपने
दिखाया था जीवन सत्य का दर्पण कठोर !
शनैः शनैः वर्षों ने ली थी कठिन परीक्षा
न जाने कब रात बन जाती थी भोर
जीवन को कभी न देखा था इतना बेबस
मृत्यु जब खींचती कितनों को अपनी ओर !
आज वो पहला दिन देता सबक हम सबको
कितनी सुकुमार है हर आस की डोर
मेरा जीवन अर्पित है मानवता के हित में
सिर्फ करुणा,दया ही आये मेरे हिय के ठौर

# 2. बरगद का पेड़

तुम साक्षी हो मेरे प्यार के
बाँध कर पीला धागा मैंने किया था वट सावित्री व्रत
कई सालों तुम्हारी की थी परिक्रमा
माँगी थी अपने प्यार की लम्बी उम्र अनवरत
तुम प्रकृति सृजन के हो प्रतीक
बताते संसार का महत्त्व
तुम्हारी छाया में बैठ कर जाना
जीवन मरण का तत्व
विष्णु जी ने बन अबोध नवजात
वट के पत्तों में आश्रय पाया था
घोर प्रलय से यूँ उन्होंने
अपने आप को बचाया था
इस से यह हुआ अवगत
अल्पकालिक है यह संसार
एक प्रलय जब सब कर दे अंत
नवजात बन मनुष्य जन्म लेता फिर एक बार
तुम्हे नमन है ऐ वट वृक्ष
देना संरक्षण हमें अपनी छाया में
बसते हैं त्रिमूर्ति तुम्हारे हृदय में
छलते मनुष्य को माया में

# 3. अगला पन्ना

हर अगला पन्ना पिछले पन्ने से जुड़ा होता है
शायद इसलिए अतीत हमसे जुदा नहीं होता है
जीवन के पन्नों में होते हैं उतार-चढ़ाव
हर आम व्यक्ति खुदा नहीं होता
नाकामियां हों या कुछ गुनाह ज़िन्दगी के
उन्हें भुला कर आगे बढ़ना ही बुद्धिमानी है
अतीत में ही ठहर, उन पन्नों के बीच उलझना
संकीर्ण मानसिकता की निशानी है
कोशिश ये हो कि हर अगला पन्ना
साफ़ सुथरी लेखनी से हो सरोबार
पिछले सभी पन्नों से भी बेहतर बना कर जियें
हो करुणा, दया, सभ्यता और सद विचार !

# 4. परिश्रम : सफलता की कुंजी

एक बार सफलता, कमरे में ताला लगा सो गयी

उस ताले की कुंजी, न जाने कहाँ खो गयी

आये कुबेर जैसे कई लोग, पैसों की की बारिश

लेकिन ताला खोलने की सफल न हो पाई साजिश

कई बाहुबली भी आये ताकत आजमाने

ताले को खोलने में उन्हे भी लग गये कई ज़माने

अप्सरायें आ नाच, रीझने लगी सबका दिल

किंतु उनकी कला से भी न हुआ ताला खुल

कई यह कहकर आये, "हैं हम सफलता के रिश्तेदार"

खोल दरवाजा खोल ! भाई भतीजावाद करने लगे पुकार

कुछ लोग छत पर चढ , लगे ढूंढ़ने रास्ता आसान

लेकिन सफलता टस से मस न हुई ; सोती रही कुम्भकरण समान

दौड़ता,हाँफता आया एक, फटी पोटली में ले कर जमा पूंजी

बताया नाम "परिश्रम"अपना दिखाने लगा एक चमकीली कुंजी

सब हुये आश्चर्यचकित जब उसने चाबी ताले में घुमायी

द्वार खुला और सफलता ख़ुशी से दौडी आयी

गले लगा परिश्रम को, बोली, मैं साथ चलूँगी

तेरे साथ सात फेरे , अब ले आ बारात चलूँगी !

परिश्रम और सफलता का हुआ यूँ , जन्मों का गठबंधन

हुई पुष्प -वर्षा , मंत्रोच्चारण से किया सबने अभिनन्दन !

# 5. अतीत की गलियों से

अतीत की उन गलियों में ,रंगरलियों में

हसीं वादियां थीं, झीलों के आईने थे

दूर दूर तक बर्फ से ढकीं खूबसूरत पहाड़ियां थीं

अखरोट ,सेब के पेड़ों की हरियाली के बीच

जब हम आँख मिचोली खेला करते थे

उन फूलों से भरी पगडंडियों पर, एक दूसरे के पीछे भागते न थकते

घाटियों के बीच बहती झीलों में,हमारा वो कागज की कश्तियों का

चलाना

रंग बिरंगी अनोखी उस छटा को, मंत्रमुग्ध होकर घंटों निहारना

श्रीनगर के दल झील के वो रंगीले हाउसबोट

पटनीटॉप के पाइन के पेड़ों के पीछे वो तुम्हारा छुपकर मुझे डराना

सर्दियों में बर्फ से बिछी चादर

देओधर और चीड़ की टहनियों से गिरती बर्फ की ठंडी बूंदें

उस सुर्ख चिनार के पेड़ों के पीछे से

दिखती हुयी पहाड़ियों को जाकर छूने की ज़िद

ऐसा लगता है जैसे कल ही की बात है।

हमारा वो सुन्दर घर, बाग़, बगीचा और बींचो बीच वो नरगिसी

फुव्वारा

रातों रात हमें दी गयीं धमकियों से डर कर

अपना सब कुछ वहीं छोड़ कर

हम एक अनजानी राह पर निकलने को बाध्य हुए

वो चाची की बेटी,वो मेरी सहेलियां,वो दबंग प्रीती

उन सभी की यौन प्रताड़ना की दिल दहला देने वाले किस्से

आज भी मेरी नींद और चैन छीन लेते हैं

काश उन्होंने भी मेरी तरह अपनी मातृभूमि कश्मीर को अलविदा
कर
अपनी जान बचाई होती
उन अतीत की गलियों में वापस जाने से मन थर्रा उठता है
काश ये एक बुरा सपना मात्र होता

# 6. तुरपाई

तुरपाई कर कर बचा रखे थे जो रिश्ते
उनमें कुछ खिंचाव भी तो है
कहीं पूरी सलाई ही न उधड़ जाय
थोड़ा बहुत लगाव भी तो है!
कभी जो हंस कर गुज़रती थी ज़िन्दगी
पर कहीं खुशियों का अभाव भी तो है
ढ़ोते ढ़ोते कुछ वज़नदार कसमें
अब अस्तित्व में कसाव भी तो है!
स्नेह मरहम जो लगाया था सतही
फिर रिस उठा ,घाव ही तो है
झूठी मुस्कुराहट बहलाती आईने को
दिलों में कुछ तनाव भी तो है!
तेज़ धारों में मुश्किल हो जाता नियंत्रण
किनारा तोड़ता भावों का बहाव ही तो है
अपने से पृथक होने की ज़िद
हठीला एक अलगाव ही तो है!
यह प्रलय कहीं सब न ले डूबे
डगमगाती कमज़ोर नाव ही तो है
तुरपाई की डोर कहीं कच्ची न पड़ जाए
तुरपन का उधड़ना ,उसका स्वभाव ही तो है

# 7. अमलतास की कहानी - एक मलयाली की ज़ुबानी

एक पुजारी लेकर अपने नन्हे बालक को साथ

पूजा,अर्चना देखरेख कर मंदिर में रहते दिन रात

बच्चा खेलता,कूदता ,स्वच्छन्द मंदिर के प्रांगण में

किलकारियां ,हँसी,ठिठोली गूँजा करतीआंगन में

बात यह थी, छोटे कृष्ण मंदिर से बाहर आते थे

बालक के साथ खेल , उसका बाल मन बहलाते थे

अबोध बालक को दिया एक दिन कृष्ण ने कंचन कमर बंद उपहार

लगाकर चोरी का दोषारोपण ज़मींदार ने लगायी मार

रो रोकर पुजारी बताता बालक को निर्दोष

कई सालों से जो वो संभालता था मंदिर का कोष

एक न मानी उसकी, ज़मींदार ने सुनाया निर्णय कठोर

कारागार में बंद हो यह है मंदिर का आभूषण चोर

छूट कर कमर बंद , एक पेड़ पर गिरा, अचानक हुआ चमत्कार

हुये उसके फूल सुनहरे , अमलतास की आयी बहार

नव वर्ष "विशु" में हर मलयाली का घर होता इस कनक झूमर से लदा

अमलतास बताते- अबोध, निर्दोष होते हैं कृष्ण के चहेते सदा

# 8. यात्रा में दो अजनबी

न कभी मिले पहले ,न जानते थे एक दूजे को
अचानक मिलकर हाथ थाम कर चल पड़े जीवन सफर में
हाथों में ले कर हाथ, जीवन भर का साथ
निभाने एक दूसरे का साथ उम्र भर को
धीरे धीरे अजनबी से अपने बनते गए
एक साथ मिलकर कई सपने बुनते गए
बन गए दो अजनबी एक मंज़िल के राही
उनके बीच की दूरियां मिट, बढ़ी प्यार की गहरायी
बन गए मन मीत दो अजनबी अलग अलग रास्ते से
चल पड़े एक ही मंज़िल की ओर

# 9. बाज़ार

इस जहां में कुछ अजीब किस्म का व्यापार ढूंढती हूँ
खुशियाँ जहाँ बिकती हो ऐसा बाज़ार ढूंढती हूँ !
बरसों से उजाड़ की चपेट में है यह मन
काँटों की फसल उगाता है चमन
गुलों की खुशबू से लबरेज़ वो बयार ढूंढती हूँ
खुशियाँ जहाँ बिकती हो ऐसा बाज़ार ढूंढती हूँ !
मायूस सी खड़ी देखती हूँ रिश्तों में शिगाफ़
हर दिल में गर्द है जमी , न नीयत ही है साफ़
जो कभी न दिलों को तोड़े ऐसी दीवार ढूंढती हूँ
खुशियाँ जहाँ बिकती हो ऐसा बाज़ार ढूंढती हूँ
अमीरी,गरीबी,छोटा बड़ा ,न हो तफ़रीक का सिलसिला
मुहब्बत से भरा हो दिल, न हो कोई शिक़वा गिला
ऐसे ही एक ज़िन्दगी का बहार ढूंढती हूँ
खुशियाँ जहाँ बिकती हो ऐसा बाज़ार ढूंढती हूँ
हर तरफ हर जगह सिर्फ सौगात हो प्यार की
कहीं गुंजाइश न हो किसी तक़रार की
मेरा दुःख दर्द मोल ले ऐसा खरीददार ढूंढती हूँ
खुशियाँ जहाँ बिकती हो ऐसा बाज़ार ढूंढती हूँ

# 10. कुकुरमुत्ता

कुकुरमुत्ते की तरह मुझे तुम न समझो औसतन

मुझमे भी कई हुनर हैं शामिल

कहो तो अपना बन गले लग जाऊं

कहो तो एक वार में हो जाऊँ कातिल

दिखने में लगूं कुकुरमुत्ते सा शरीफ

टोपा सर में हो भले शराफत का चिन्ह

याद रखना मेरे सूरत और सीरत में अंतर

खाने के दांत हाथी के भी होते हैं भिन्न

कहीं जो प्राणों को जकड ले ज़हरीला किस्म

आसान नहीं होता उस से पाना मुक्ति

मित्र और शत्रु की परख करने हमेशा साथ रखना

अपने विवेक ,संयम, और निर्णायक शक्ति !

कुकुरमुत्ते की तरह ही तुझे

कई लोग एक जैसे नज़र आएंगे

लेकिन उनमे से कुछ होंगे तेरे हितैषी

किन्तु कुछ तुझे डस जायेंगे

# 11. ज्वलंत अभिलाषा

वैसे तो अभिलाषाएं कई पनपतीं हैं इस मन में
ज्वलंत कभी इतनी होती ,आग लगा दे यह तन में
कभी जी होता है इस माहमारी को जड़ से उखाड़ दूँ
मृत्यु की कगार पर लटके हुओं को जीवन की एक आड़ दूँ
गरीबी से जूझता देखूं उस बच्चे की भूख को जब भी
बेवजह लगने लगती हैं सुख सुविधायें सभी
ठण्ड से ठिठुरते बदन को गर्म आषाढ़ दूँ
हर भूखे नंगे की बहती मजबूरियों को कगार दूँ
हर असहाय नंदिनी को मिले स्वावलम्बन
लैंगिक असमानता का हो पूर्णतः समापन
नारी कभी न हो आहत;दोषी को ऐसी वार दूँ
आश्रित न हो कभी कोई असहाय वृद्धा ,ऐसा जीवन संवार दूँ
न हो कहीं भी द्वेष, घृणा, हृदयों के बीच दीवार
सुख, समृद्धि से अभिभूत हो जाए यह संसार
नकारात्मकता को आशावादी एक सुन्दर संसार दूँ
बंजर,वीरानियों में वर्षा की सुखद फुहार दूँ
ऐसी ही उमड़ रही है मेरे जीवन की आशा
हर आशा प्रबल हो बन रही ज्वलंत अभिलाषा

# 12. डूबता जहाज

अपने जहाज को तुम डूबने न देना
लंगर दाल लेना खोज किसी किनारे को
जब जीवन सागर में उठे लहरों का तूफ़ान
और मचलने लगे अशांत भावनाओं की आंधी
संभालना अपने अंदर उठते हर भावनात्मक उतार चढाव को
ये कुछ वक्त का ज़लज़ला है
इस के चंगुल में न जाना लपट
हर बुरे वक़्त का होता है अंत
बस जहाज के पतवार को थाम कर रखना

# 13. सुनहरा पल

भोर होते ही उस कच्ची धूप का खिड़की से अंदर आना
और चुपके से मेरी चादर के ऊपर से मुझे गुदगुदाना
फिर उस छोटी सी गौरय्या का मिठास भरा चहचहाना
पानी की तलाश में मेरी खिड़की से टकराना
उस पीले गुलाब की नन्ही कोमल पंखुरियों में ओस का भर जाना
धीमे से मचलते मंद समीर का उसे हंसकर गले लगाना
मधुमालती की लताओं का छत से लटक झूमर सा सजाना
बहती हवाओं के डर से कनेर की गुलाबी फूलों का सर झुकाना
कहीं टिप टिप पानी के गिरने से सौंधी खुशबु का उभर आना
तो कहीं पेड़ की टहनियों से एकसाथ कई नभचरों का उड़ जाना
आम के बौरों का लद कर अहंकार जताना
इतनी सुहावनी एक सुबह का हर रोज़ मुझे आकर जगाना
मेरे लिए एक सुनहरा पल ही तो है !

# 14. दरवाज़े की घंटी

दरवाज़े की घंटी बजती है जब भी

उछल कर जाती हूँ खोलने द्वार

कभी ख़ुशी,कभी सुकून होते हैं बाहर

नहीं किन्तु करते वो मेरी ड्योढ़ी पार !

उनकी बाहें पकड़ उनको अंदर बुलाती हूँ

वो मुस्कुराते हुए कर देते हैं बात टाल

मैं आशा से ताकती हूँ उनकी राह देख,

क्यों नहीं उनका आना हुआ अंदर इस साल?

दोनों हाथ थाम खड़े बताने लगे किस्सा

कैसे हर घर से तोड़ा उन्होंने नाता है

कहने लगे संतोष,और स्नेह हो चुके हैं लुप्त

भौतिकवाद ही अब सबको रास आता है

आएंगे भीतर तभी,जब त्याग दोगे मृग तृष्णा

जीवन का समझोगे कुछ मोल

सीप का मोती है यह कुछ क्षण का बुलबुला

खोलकर अपना हृदय,आत्मा को टटोल

# 15. अधूरी कविता

त्यज त्याग न किया कविता का
उस का निखार अभी बाकी है
कुछ अल्प समय का विराम लिया है
साज़ श्रृंगार अभी बाकी है !
कितने ही छंद सुसज्जित होंगे
जोड़ना पदों का हार अभी बाकी है
सौंदर्य में भिगो कर शब्दों का
अलंकार अभी बाकी है
शब्दों को पहना नुपुर के घुंघरू
सुनना उनकी झंकार अभी बाकी है
उन पर उड़ेल नवरस का अमृत
मधुमास की बहार अभी बाकी है

# 16. मनमौजी

आसमान को छूने की ख्वाहिश है
उड़ते पतंगों सी उड़ान भरती हूँ
चिड़ियों सी चहचहाती हूँ चट्टानों के ऊपर
झरनों की कल कल सा जीवन बसर करती हूँ
हाँ मैं मनमौजी हूँ ! अपने दिल की सुनती हूँ !
फूलों की खुशबू लिए पंखुरियों को ले पवन में
लहराती हूँ लताओं से गले मिलती फिरती हूँ
हँसती हूँ , खिलखिलाती हूँ और चीख कर पहाड़ी में
अपनी ही टकराती आवाज़ सुन डरती हूँ
हाँ मैं मनमौजी हूँ ! अपने दिल की सुनती हूँ !
रंगे बाल, लंबे नाखून और अजीबो गरीब कपड़े
अपनी ही दुनिया की मल्लिका बन सज संवरती हूँ
गाती हूँ ,झूम क़र नाचती हूँ , हो मधमस्त
विचरण करती हूँ इधर उधर , नहीं एक जगह मैं ठहरती हूँ
हाँ मैं मनमौजी हूँ ! अपने दिल की सुनती हूँ !

# 17. पायल (विधा:कह मुकरी)

अलंकृत , झंकृत वो धुन सुनाये
मधुरता के रस में मुझे डुबाये
करे हृदय को संगीत से घायल !
कौन सखी? सजनी ?
न सखी पायल !!
बांधे अपने मोहपाश के जाल में
आकर्षण बढाये अनवरत हर हाल में
जैसे करता कामना पूर्ति कोई कल्पतरू
कौन सखी ? साजन ?
न सखी ! घुंघरू !
लिपटे पाँव में जैसे कनक लतायें
हर मोती रुन झुन गीत बुदबुदाये
उत्साहित , पुलकित हो जाये यह उर
कौन सखी? सजनी ?
न सखी ! नुपुर !
आभूषण ,आलिंगन कर दिल बहलाये
हर मणि अलौकिक संगीत जगाये
भावनाओं क उठे अथाह समन्दर
क्यों सखी? सजनी ?
न सखी झाँझर !

# 18. संगीत की शक्ति

सारंगी, सितार,वीना के बज उठे जब तार
सरोद,सुरबहार, इकतारा की होने लगी जब झंकार !
हुआ हृदय गद गद , उमड़ा सागर सा मानस पीर
अश्रु धारा बह निकली जैसे गागर से निकले नीर
संगीत के तरानों से हुई नीरोग काया
सप्त सुरों का समामेलन जब अन्तर्मन में समाया
मानसिक शांति बढ़ा , कम करता आपसी क्लेश
मन के तारों को मिलाकर संगीत दूर हटाता द्वेश !
मृदंग,ढ़ोल तबले की जब भी पड़ी थाप ताल में
थिरक उठे शक्तिहीन पाँव लचक आ गयी चाल में
शिशु का जब गर्भ में ही संगीत सुन होता विकास
नहीं होता उसमें किसी भी महत्वपूर्ण तत्व का ह्रास
संगीत के तरंगों से मधुर ,निर्मल, होता परिवेश
जात, धर्म से होकर परे, ये जोड़े देश विदेश !

# 19. दो वक़्त् की रोटी

आधी रात को आना जाना था उसका
छिपकर करती थी देह व्यापार
प्रतिष्ठित सम्मानित लोगों से दूर
शरीफों की गलियों से गयी थी दुत्कार
कच्ची उम्र में धकेली गयी थी इसमें
बड़ा परिवार ,अपाहिज पिता,बच्चा थाअबोध
समाज के लोग ताने कसते न चूकते
क्या होता नहीं तुझे अपराध बोध?
हाँ होता यदि आपके ही परिवार के मर्द
मुझे मजबूर देख मेरे पास न आते
मुझे ही भोग मुझसे ही परहेज़ दिखा
यूँ दोहरा मानक न अपनाते
मुझे भी पालना है परिवार अपना
न सिखाओ मुझे अपने अच्छे संस्कार
मुझे यूँ तिरस्कार से न देखो
मैं भी दो वक़्त की रोटी की हूँ हक़दार

# 20. गुब्बारे

ए गुब्बारे मुझे ले चल
दूर आसमान में
वहां जहाँ से कुछ तारे तोड़ लाऊँ
कुछ चाँद को छू
उससे टपकते दूधिया अमृत को पाऊं
उमड़ती घुमड़ती मदमस्त बादल की टोलियों
के साथ साथ उड़ती जाऊं
फिर किसी पर्वत की ऊँची चोटी पर बैठ
कुछ किस्से बुदबुदाऊँ
हठ करूँ वहीं बैठने की ,
फिर वर्षा की बूँद सी बरस जाऊं
ऐ गुब्बारे मुझे ले चल हवा में
हर एक फूल को सूंघ
उनकी खुशबु को बिखेर जाऊं
भंवरों की गुंजन में से निचोड़ शहद लाऊँ
तितलियों के रंग बिरंगे पंखुरियों को
अपने साथ ले आऊं
ऐ गुब्बारे मुझे तू उड़ा ले चल बस उड़ाते चल !

# 21. मन का बगीचा

मेरे मन का आँगन ,बरसों से है वीरान
इसमें कुछ फूल तो ऊगा दो न !
तपिश से बंजर हो चला है ये दालान
दो बूँद फुहार प्यार की बरसा दो न
बेरंग सा पड़ा हुआ है सफेद पोश सा
रंग बिरंगी पंखुरियों से सजा दो न
हवाओं की सिहरन में है न कोई सुगंध
मोगरे सी महक इसमें फैला दो न
पेंगे ले कर जी चाहे आसमान छू लूँ
हरित लताओं को हर तरफ झुला दो न
कर दो बस आबाद इस दिल की नगरी को
एक बाग़, एक बगीचा, इसमें लगा दो न

# 22. प्रगति पथ

बढ़ा चल,बढ़ा चल प्रगति पथ पर तू
हो विजयी ,चढ़ कर विजय रथ पर तू
आ जाएं कितनी भी बाधाएं , आगे कदम बढ़ाना
चलते रहना अविरल ,अविरत कहीं रुक मत जाना
छोड़ कर तुझे अकेला, यदि कोई न दे साथ
निरंतर चलते रहना तू पकड़ अपना ही हाथ
कभी न खड़ा रह पछताना अपनी गत पर तू
बढ़ा चल,बढ़ा चल प्रगति पथ पर तू
हो विजयी ,चढ़ कर विजय रथ पर तू
ध्यान भटक जाये जब, देख झूठी चका चौंध
बहक न जाना, न चल देना अपने सपनो को रौंध
थक कर चूर हो जाये गर ,फिर भी हौसला न टूटे
तेरा विश्वास, तेरी आशा, कभी तुझसे न रूठे
हिम्मत बाँध, आस्था रखना अपनी मत पर तू
बढ़ा चल,बढ़ा चल प्रगति पथ पर तू
हो विजयी ,चढ़ कर विजय रथ पर तू

# 23. छलावा

ओ पंथी! ओ बटोही ! ये जग मुसाफिर खाना है

रैन बसेरा होते ही इस को छोड़ कर जाना है

कल-कल करती नदियां हैं, पर्वतों का जो डेरा है

छल-छल कर मन को हरते हैं, समय का ये फेरा है

पल -पल हर दिन जब बूँद -बूँद सा अविरत हो कर बहता है

चल -चल अपना जिया निरंतर आगे बढ़ने को कहता है

बल -बल बढ़ा कर भी यह मनोबल कभी टूट गिर जाता है

टल -टल कर विलम्ब करने पर भी बुरा वक़्त घिर आता है

जीवन मात्र छलावा है ,इसमें न कहीं जाना तू फँस

सुख-दुःख दोनों छोर उसी के,डूब कर पी तू जीवन रस

फल-फल मीठा की घोर पिपासा तुझको देती प्रबल आस

अधीर हो, बुरे कर्मों की चाहत में होता अच्छे कार्यों का ह्रास

जल-जल की प्यास बुझे नहीं तृष्णा ने आ कर घेरा है

छल-छल कर मन को हरते हैं, समय का ये फेरा है

# 24. पद चिन्ह

समंदर किनारे रेतों पर जो दिखते हैं तुम्हारे पद चिन्ह
उस तूफानी रात का लेखा जोखा बताते हैं
उस अँधेरी रात का काला साया जब छाया था
मैं और तुम हाथ में हाथ लिए
चल रहे थे सागर के किनारे
तुम्हारे पैरों से बनाते हुए वो चिन्ह
खिलखिलाती हुयी जब तुम चली थी
हमारे प्यार का गवाह थे वो पद चिन्ह
जिनके ऊपर अपने कदम रखता हुआ
मैं तुम्हारे पीछे चला
कुछ वहशियों ने तुम्हे आ दबोचा
खींच कर ले गए मुझ से दूर
उठा कर ले जाते हुए उन्होंने तुम्हारे पद चिन्ह रौंद डाले थे
एक एक पंखुड़ी को कुचल उन्होंने तुम्हारी आत्मा पर
किया था वार.......
आज मैं अकेला उन चिन्हों की तलाश में फिर रहा हूँ
काश उन चिन्हो से मैं तुम तक पहुँच पाता

# 25. एक ख़ास तोहफा

गरीब सुदामा ने जब दिये थे
पोटली में रख कर चावल कच्चे
प्रेमपूर्वक ग्रहण किया कृष्ण ने
जैसे हों एक अबोध बच्चे
किन्तु जैसे युग बीत गए
बदली उपहार की परिभाषा
कीमतों में तोली गयी
झूली आशा और निराशा
हर त्यौहार का रूप बदला
भाई बहन के प्यार के बीच भी आया उपहार
जब गरीब भाई न दे पाया कुछ
आने लगी उनके रिश्तों में दरार
देकर तोहफा अपनी अधीनस्थ को
अमीर अधिकारी ने दिखाया अपना बल
बदले में मगर मांगी कुछ रातें
यदि बनाना हो सुनहरा कल
तोहफा वह हो जिसका कोई न हो मोल
देने वाले के इरादे हो सच्चे ,इसीसे तोहफे को तोल

# 26. उत्सव-अनेकता में एकता

तमस हुआ दूर, रोशनी से जगमगाया हर शहर

चारों तरफ फैल चली उजालों की लहर

चैत्र - बैसाख में मीठे लड्डू फूटे तिल के

रंग बिरंगी पतंग लड़ाए पेंच और दिल मिल जायें दिल से

सूर्य चढ़ता उत्तरायण जब मनाते दक्षिण में पोंगल

भांगड़ा पाते शावा शावा आखाड़ों में होते दंगल

राखी में जब बंधती रेशम की ड़ोर कलाई पर

प्यार और भी चमक जाता हर बहन और भाई पर

बसंत पंचमी ले कर आती हर फूल में बहार

रंग फेंकते गले मिलते जब आता होली का त्योहार

ईद में सेवंई खाकर देख चाँद लजाती वो

करवा चौथ में उसी चाँद की कसमें दे प्यार जताती वो

बप्पा आते मूषक पर फिर होता लड्डू सेवन

दशहरा में सच्चाई जलाती बुराई का रावण

दीपक प्रज्जवलित करते दीपावली की शाम को

भक्त मनाते हर्षोल्लास से अयोध्या लौटे राम को

सर्द ठण्ड में बर्फीली जयकार होती हर्ष की

क्रिसमस करता घोषणा आते नूतन वर्ष की

पूरे वर्ष मनाते उत्सव कटता जीवन का यह सफर

चारों तरफ फैल चली उजाले की लहर

# 27. कविता और जीवन

कविता में जोश है, होश है, आक्रोश है

जीवन के कठिन पलों को

शब्द रुपी पोटली में बाँध कर

उन्ही पलों के मुंह पर मारती है

ऐसी पैदा करती रोष है

कविता एक समर्पण है, अभिनन्दन है, प्रेम आलिंगन है

जीवन के सुख भरे क्षणों को स्थिर कर

शब्दों की पायल से झंकृत करती

ऐसा देती हृदय को स्नेह स्पंदन है

कविता एक मनन है, चिंतन है, वंदन है

समाज को आईना दिखाती ,उसकी कुरीतियों से जूझकर

आत्मावलोकन कर बनाती विदारक रुदन है

कविता एक आधार है, पतवार है, सम्बल की दीवार है

स्याही से निर्बल को देती आवाज़ है

ताकत की ढाल बन जगाती सोते हुए अंत:करण को

झूठ और फरेब को काटती एक पैनी धार है

# 28. सर्दी की दस्तक

कुछ सिहरन सी उठी जो मन में
हलकी हलकी चली बदन में
लागी हो जैसे दामिनी अगन में
अठखेलियाँ करती गगन में
हवा हुयी है मद मतवाली
अब न पत्तों फूलों से लदी डाली
धूप की तपन को तरसाये अरुण लाली
कहीं मन का कोना लगे खाली
तिमिर ने छीना शनै: शनै : राज्याधिकार
उजालों के पुंज की हो रही नित हार
कंटीला व्योम करता प्रतिरोध संहार
नयन तरस रहे फिर कब आये बहार
सर्दी ने दी है दस्तक एक बार फिर
तुम्हारी ऊष्मा से गयी यूँ घिर
पिघला प्यार न जम जाए ज्यों शिशिर
अल्प कालिक अतिथि बना है मिहिर